Causeries

de

PAYSANS BRAYONS

ou

VÉRITÉS

SUR LES ÉLECTIONS

PAR

M.-A. MALINGRE

Causeries

de

PAYSANS BRAYONS

ou

VÉRITÉS

SUR LES ÉLECTIONS

PAR

M.-A. MALINGRE

AVERTISSEMENT

Les vérités exposées dans cet opuscule, ne sont pas nouvelles : elles sont aussi anciennes que les matières sur lesquelles elles reposent.

Je ne m'en serais pas fait l'écho, si elles ne m'avaient paru oubliées de la plupart des électeurs qui se laissent tromper toutes les fois qu'il s'agit de voter.

Sous forme de dialogue, elles ne manqueront pas de rappeler aux bons habitants des campagnes, ce qu'ils ont dit dans leur mécontentement contre ceux qui les exploitent.

Ces mêmes vérités puissent-elles leur éviter pareils désagréments !

Dans ce cas, je serais heureux de leur être utile, au risque de déplaire à ceux qui n'admettraient pas ces choses vraies et qui s'en fâcheraient à tort.

M.-A. MALINGRE.

Entretien de deux Paysans

FRANÇOIS ET NICOLAS

Rencontre

F... — Boujou c't ami ! C'est ben rare de t'ver !

N... — O n'a pas souvent l'temps de s'promener.

F... — Qué tu m'apprendras d'nouviau ?

N... — Je n'sais pas grand'chose.

Question politique

F... — Tu n'luis donc pas l'journal ?

N... — Queuquefois, pour les nouvelles du pays ; du reste, je n'm'occupe pas d'politique.

F... — I faut toujou sé n'occuper un brin, pis q'cha r'garde tout le monde.

N... — Je l'sais comme tai, mais o nos mène ben sans cha.

F .. — Ben ! ch'n'est pas l'mot.

N... — Q'veux tu !

Soin des gouvernants

F... — Les gouverneux ont soin de r'cueillir tout partout d'l'argent ; si cha n'fait pas note affère, tant pire, cha fait toujou l'eute.

N... — Oui, mais l'zimpositions sont trop
grandes pour lés p'tits propriétai-
res ou fermiers.

Domination juive

F... — I paraît que j'sommes biaucoup sous
l'domination dés juifs !
N... — Ch' n'est pas étonnant, i sont si
riches et i zont tant d'employés
dans l'administration.
F... — Quant au nombre dés fonctionneux,
il augmente toujou, et avec li,
l'chiffre dés zimpôts qui grève
l'population.
N... — Tous chés fonctionneux, juifs ou
non, étant larguement salariais,
ont pour but principal d'conser-
ver leute plache en conduisant
l'zélections au grai d'cheux qui
l'zemplaient.
F... — I n'ont pas d'mal, lés travailleurs
sont si faciles à tromper en
matière politique.
N... — Surtout dans nos campagnes.

A propos des élections

F... — Qué q'tu dis dé zélections ?
N.. — J'crais q'cha s'ra comme toujou :
q'o votra sans savèr si o fait ben
ou mal.
F... — Pour l'savèr, à qui s'adraicher ?
L'un vos dit : « Votez pour ch'ti-
chit. » L'aute : « Votez pour
ch'ti-là. »

N... — O zait si souvent trompai ! L'mieux, ch'est d'fère à s'tête.

F... — Quand y en a plusieurs, o peut toujou choisir !

N... — Ch'est superbe, mais si l'meulleur n'vaut rien !

F... — J'sais qu'i zont tertous d'belles raisons; reste à savèr si f'ront queuq'chose d'bon.

N... — I nos l'ont pas trop fait vèr jusqu'à c't'heure.

F... — N'pourrions nous pas écouter l'zautoritais qui nos proposent dés... ?

N... — Farceur ! si j'avons à nos plaindre d'eux, j'n'erions rien à gagner en suivant l'zavis qui nos donnent.

F... — O l'zécoute core pus q'd'autes !

N... — Cha s'comprend : o lés craint davantage.

F... — J't'dirais itou q'gran'ment ont dés ruses !

N... — Oh ! j'lai ben vu, i n'y a pas core longtemps à d'zélections : i blâmaient l'mère d'l'communne, pour qu'o ne s'doute pas qu'i voulaient l'garder.

F... — J'pourrions ben itou fère semblant d'voter pour lés leutes, pis voter pour lés notes.

N... — Oui, ch'est d'jouer au pus malin.

F... — Tu sais : lés Mousieux ont soin d'flatter lés domestiques et l'zouvriers, à chu moment-là ; et pis quand i l'zont attrapais, i s'én moquent.

N... — L'plupart dè zélecteurs sont rud'ment bêtes !

F... — Tu peux l' 'dire : d'l'manière qu'o l'zeut bin et qu'o les roule.

N... — Ch'est-i parc' que biaucoup n'ont
    pas r'chu assez d'inducation ?
F... — Ch' n'est pas cha seul'ment, mais
    core parc' qu'i trouvent trop d'es-
    prit dans lés p'tits verres.
N... — Aveuc c't'esprit-là, i n'ont pas l'air
    embarrassais et craient tout sayèr.
F... — Quant à nous, j'savons ben sans être
    savants. q'cheux qui nos prennent
    pour d'zimbéciles en voulant nos
    m'ner, sont dés coquins.
N... — Tu n'a jamais dit rien d'pus vrai.

Les candidats ordinairement proposés

F... — A-t-on bésoin d'un administreu ?
    O nos présente toujou un gros
    personnage, ch'est - à - dire un
    homme fortunai.
N... — Lés riches pensent qu'ayant d'l'for-
    tunne, i tiendra pour eux. Ch'est
    pour cha qu'i nos disent tant
    d'voter pour li. Mais si j'votons
    pour leut homme, i n'ra pas note
    ben sûr. Vaut mieux n'pas l'zécou-
    ter, et pis voter pour un aute qui
    soit pour lés pauv' zouvriers.

Ceux qui se portent eux-mêmes candidats

F... — Qu'est-che qu'o vait s'porter candi-
    dat ?
N... — Ch'est ben souvent un ambitieux
    qui a dés milles francs d'rente, et
    qui voudrait dév'nir millionnère.
    Ch' n'est pas assez q'd'avèr d'l'or

et d'l'argent, i li fadrait core une
plache d'honneur,(quand i dévrait
payer pour cha.)

F... — Et pis quand i l'y est dans c'te plache,
quoiqu'i fait ?

N... — Rien du tout, ou putôt queuq' chose-
d'mal.

F... — Ch'est ben rare d'vèr un homme qui
n'cherche unne belle plache q'pour
fère du bien.

N... — Mais ch'est pourtant c'qui nos
fadrait !

F... — Quand y s'en trouve, o dévrait ben
en profiter.

N... — S'i y en a un c'te fois, i peut compter
sus nous autes.

Choix d'un candidat

F... — Si j'n'trouvons pas convénable l'can-
didat qu'o présente ou qui s'offre,
j'pouvons ben l'quiter et pis en
chercher un aute. N'y a-t-i pas
d'braves gens tout partout ?

N... — J'n'avons seul'ment qu'à prendre
chu candidat parmi cheux qui ont
l'meulleure r'nommaie.

F... — Un n'voudra p'tête pas gérer, aimant
mieux avèr s'tranquillitai q'doc-
cuper unne plache, où, si ben
qu'o fasse pour tous, queuques-
uns n'sont jamais contents. Mais
un aute accept'ra l'charge, par
l'honneur que li fésons, et pour
l'plaisi d'ête utile à l'sociétai.

N... — Ch'est cha qu'un honnête homme
doit fère, si non, r'fuser l'candi-
dature.

Candidat que nous devons prendre

F... — Sais-tu bien l'candidat que j'devons
    prendre ?

N... — Ch'est un homme qui, suivant .sés
    moyens, a coutumme d'fère du
    bien, ch'est un riche qui emplaie
    autant possible l'zouvriers et qui
    assiste lès pauvres; ch'est en résu-
    mai, un personnage bon, juste et
    capable.

Candidat que nous devons laisser

F... — Sais tu ben itou l'candidat que j'dé-
    vons laisser ?

N... — Ch'est un individu qui s'plait à fère
    du mal pus q'du bien; ch'est un
    richard qui veut tout pour li,
    rien pour l'zautes; ch'est en un
    mot, un égoïste.

Résultat du choix

F... — Avant que choisir, i faudrait ben
    examiner.

N... — Quand o za fait tout pour l'mieux,
    o n'a rien à s' r'procher.

F. . — Si j'allions ête trompais !

N... — Ma foi, tant pire. Je l'sommes d'ha-
    bitude !

Besoin de s'entendre

F... — I ne n'est dé zèlections comme
    d'unne chose qu'o doit fère (tout

l'monde ensemble),et pour l'quelle i fadrait ben s'entendre.

N... — J'crais q'là-d'ssus o zéra toujou du mal. Ch'est comme si s'agissait d'bâtir tertous un édifiche, lés uns l'voudraient d'un sens, et lés autes, d'un aute, parc' qu'i n'éraient pas l'memme goût d'architecture.

F... — Mais cheux qui ont l'memme opinion politique, pourraient toujou ben s'entendre !

N... — Oui, mais core du mal assez.

Ceux qui s'entendent le mieux

F... — Lés gens qui savent l'mieux s'entendre sont cheux qui peuvent s'vèr et s'réunir quand bon leu semble.

N... — Ch'est dans dés visites, dés festins et surtout dés banquets q'lés riches désœuvrais qu'o appelle *gros bonnets* et queuquefois, *grosses légummes*, drèchent dés plans d'votation à suivre pour lés pauv' travailleux. Mais lés comitais, les comiches, enfin toutes leux réunions d'cot'rie sont itou dans l'but d's'entendre là-d'ssus.

Ceux qui s'entendent le plus mal

F... — Lés simpes particuliers qui ont l'pus bésoin d's'entendre, sont malheureus'ment cheux qui s'entendent l'moins bé.

N... — Pourquoi donc cha ?

F... — Tu dois l'savèr : d'abord i n'peuvent pas quitter leut travail pour s'occuper de l'politiq'rie; après s'ii zont un moment, ch'n'est pas trop pour leux affères. I n'y a que l'dimanche qu'i sont souvent pus libres. Alors, quoi, q'biaucoup font ? I vont pour s'distraire, au café, prendre un janquin, pis deux, queuquefois core d'avantage. Durant chu temps-là, i causent, i disent ch' qu'i savent et pis ch' qu'i n'savent pas. Si o zy parle d'élection (ch' n'est pas là l'bonne plache), et qu'un dise en cachette, s'n'opinion, un aute s'dépêche de l'divulguer.

N... — En v'là un idiot ! Mais dans qué but ?

F... — De s'fère ben vèr sans s'douter qu'en nuisant à son camarade, i nuit à li-memme.

N... — Queul malheure ! Si ch'est comme cha qui s'entendent !...

Causes du malentendu

F... — Est-ch' que cha s'rait l'ignorance qui caus'rait un si grand malentendu ?

N... — Oui, ch'est all' principal'ment, mais itou l'bétise. Cheux qui sont bonasses et qui n'savent rien, craient souvent tout c'qu'o leu dit, dur comme du fer. A cheux memme qui sembent malinots, o fait queuquefois accraire q'dés vessies sont dés lanternes.

F... — Il est ben vrai q'si tous cheux-là
étaient pus instruits, i s'laisse-
raient moins souvent tromper,
mais intruits ou non, y éra toujou
des bêtes.

N... — Pourvu q'che n'soit pas l'pus grand
nombre !

Le bon sens en matière électorale

F... — L'bon sens peut t'nir lieu d'instruc-
tion dans ben dés cas, surtout
pour l'zélections. Avec li o z'est
memme assez fort pour résister
aux séduisantes paroles et aux
biaux écrits par lesqueuls o veut
fère vèr q'du blanc ch'est du
noèr.

N... — I fadrait q' j'nayons guère pour
écouter lés flatteux qui n'cher-
chent qu'à nos attraper, et q'
j' n'ayons pas du tout pour n'pas
comprendre q' lés intérêts dés
p'tits particuliers sont différents
d'cheux dés gros.

Ce qui est à croire

F... — Il est ben à craire que l'riche fière
dé s'possession, n'f'ra rien trop
(s'il en fésait assez) dans l'crainte
d'amoindrir s'fortunne et d'perde
d'sés privilèges, il est à craire que
ch'ti-là qui n'a jamais pensé q'pour
li, n'song'ra pas pour l'zautes ;
il est à craire que ch'ti-là qui
n'a pas su fère s'zaffère propres,

séra core moins fère chall' du
public; enfin, il est à craire que
ch'ti-la qui s'est enrichi en exploi-
tant ou volant adrait'ment l'zau-
tes, n'engress'ra pas l'pays.

N... — Ho ! tout cha n'est q'trop vrai.

A quoi doit servir le suffrage universel ?

F... — L'suffrage universel est un droiț
d'égalitai pour q'chacun peuve
défendre s'zintérêts par l'votation.
Mais d'chu biau droit-là, i fadrait
savèr ben s'servir.

N... — Je l'comprends : ch'est de n'user
dans l'intérêts de d'tous et non
q'dans sien ou q'dans chelui d'un
aute.

F... — De n'pas s'en servir du tout, cha
s'rait sott'ment y r'noncer.

N... — Oui, mais d's'en servir mal, ou pour
d'autes contraires à soi, cha s'rait
itou s'exposer à l'perdre, et aveuc
il, toute libertai.

Exploitation du suffrage

F... — O zexploite l'suffrage comme aute
chose. Tous cheux qui n'veulent
q'pour eux, font tout c'qui peu-
vent pour que l'majoritai dés
votes soit d'leut côtai : faux ren-
seign'ments, conseils, m'naches,
promesses, argent memme, ser-
ment à corrompe l'conscienche
d'chaque individu qui l'zecoute.

N... — Ch'est malheureux tout d'memme !
A qué prix q'che soit, i voudraient
toujou ête maîtes.

Quand est-ce que ça finira?

F... — C'te comédie là n'est p'tête pas
prête d'finir.Mais quand l'zexploi-
tais s'ront tannais d'souffrir,
quand i connaîtront mieux leut
déver, et quand i s'ront pus d'ac-
cord, l'zeploiteux n'éront pus
grand chose à fère. Alors, tout
l'monde comprendra qu'o n'peut
ête hureux qu'en s'entendant
ben tertous.

N... — Ha ! que l'bon Dieu l'veuille.

Réflexion sur cet entretien

F... — L'vérité n'plait pas toujou à tout
l'monde. Si par hasard, queuques-
uns voulaient dire q'nos raisons
sont fausses !

N... — J'pourrions prouver qu'eux sont
d'vrais menteux.

Séparation des deux causeurs

F... — A causer o n's'ennuit pas; mais il est
déjà tard; i faut nos quitter.Porte
tai bé, Nicolas !

N... — Au r'vèr, François.

RÉSUMÉ

Le suffrage universel doit être entièrement libre.

Toute espèce de contrainte ou de pression apparente ou dissimulée, est une violation du droit le plus important des citoyens.

Cette honteuse et déloyale action est toujours l'œuvre du fort contre le faible, c'est-à-dire des riches contre les pauvres, des maîtres contre leurs serviteurs, des patrons contre leurs ouvriers, et souvent celle des administrateurs contre leurs administrés, celle enfin de tous ceux qui veulent agir de leur propre autorité et avoir des privilèges.

Dans une élection, quels que soient les candidats, aucun ne semble plus imposé que le candidat officiel, puisqu'il émane de l'autorité administrative.

Serait-il bon ?

Que de fonctionnaires ayant des idées opposées, n'oseraient se montrer indociles aux ordres de ceux qui les paient gracieusement, et que de gens assujettis à ces employés se croiraient obligés de suivre leur exemple, sous peine d'éprouver des disgrâces en tout genre !

Si la majorité des électeurs se laissait corrompre et cédait son pouvoir au *fonctionnarisme*, que deviendrait le suffrage universel ?

Il ne serait plus l'expression réelle de la volonté de tous; ce serait un simulacre, un vain mot !

Que chacun y prenne garde !...

Imp. Dieppoise, 194, Grande-Rue.— Dir. Ed. Dequen